LA GRANDE IMAGERIE

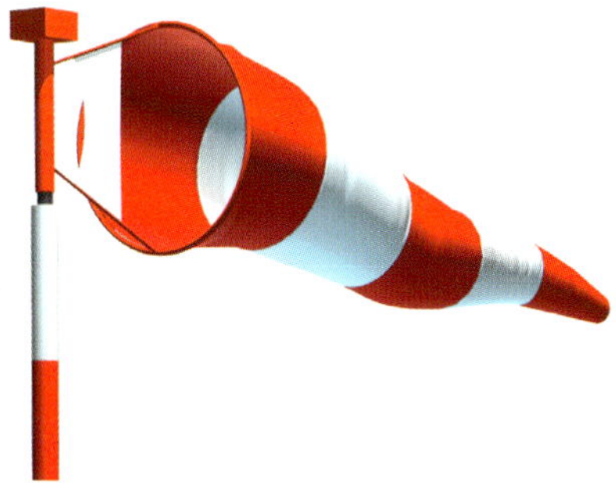

LA MÉTÉO

Collection créée et conçue par
Émilie BEAUMONT

Textes
Cathy Franco

Illustrations et mise en page
Jacques Dayan

FLEURUS

FLEURUS ÉDITIONS, 15-27, rue Moussorgski, 75018 PARIS
www.fleuruseditions.com

L'ATMOSPHÈRE

C'est une couche d'air qui forme un manteau protecteur autour de la Terre. Elle est composée de différents gaz, de vapeur d'eau et de minuscules particules de poussière. Divisée en cinq couches superposées, elle s'élève à 800 km au-dessus de nos têtes. Sans elle, la vie serait impossible sur notre planète : nous ne pourrions pas respirer et la température serait de 85 °C le jour et de –140 °C la nuit ! L'atmosphère forme en effet un bouclier efficace contre l'excès de rayonnement solaire. Elle filtre aussi les rayons les plus dangereux et empêche la chaleur emmagasinée le jour de s'échapper pendant la nuit.

Les différentes couches de l'atmosphère

Plus on s'élève dans l'atmosphère, plus l'air devient rare. La température varie selon la couche traversée et sa composition.
La **troposphère** est la couche la plus près du sol. Elle renferme 80 % des gaz de l'atmosphère, dont la quasi-totalité de la vapeur d'eau, et est composée principalement d'azote (78 %) et de suffisamment d'oxygène (21 %) pour que l'on puisse respirer. C'est là que prennent forme les phénomènes météorologiques : nuages, vent, pluie, tempêtes... Au-dessus de la troposphère se trouve la **stratosphère**, qui abrite la couche d'ozone, puis la **mésosphère**, la partie la plus froide de l'atmosphère. Dans la **thermosphère**, le rayonnement solaire est intense ; les températures, qui remontent brutalement, dépassent 500 °C. C'est là que se produisent les spectaculaires aurores boréales. L'**exosphère** est la couche la plus haute, juste avant le vide spatial. La température de l'air y est supérieure à 1 000 °C.

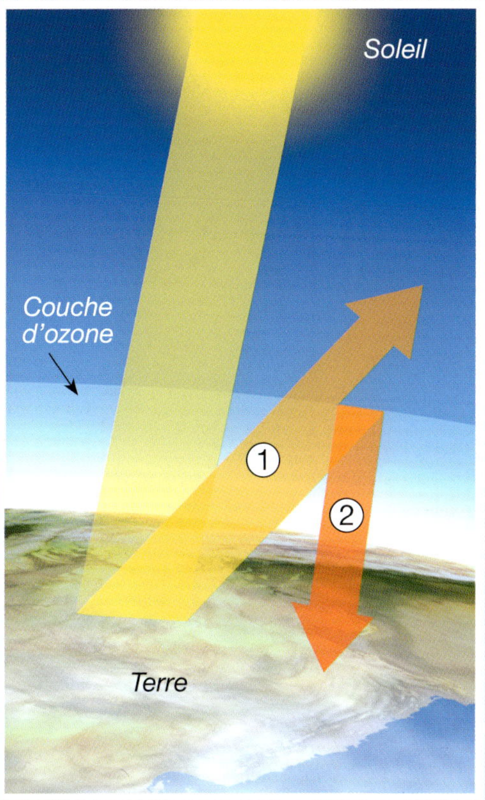

L'effet de serre

L'atmosphère ne laisse passer qu'une partie du rayonnement solaire. Il est réfléchi par la Terre, qui renvoie à son tour de la chaleur vers l'atmosphère (1). Une partie de cette chaleur est interceptée par certains gaz atmosphériques, comme le gaz carbonique et le méthane, qui l'empêchent de repartir vers l'espace et la renvoient vers la Terre comme un boomerang (2). Comme dans une serre, ces gaz maintiennent notre planète à une température convenable (15,5 °C en moyenne).

La couche d'ozone

Située dans la stratosphère, à 24 km au-dessus de nous, cette fine couche de gaz protège la vie sur Terre en absorbant la plupart des rayons ultraviolets du Soleil, qui sont dangereux pour la santé.

La pression atmosphérique

Elle correspond au poids de l'air qui est au-dessus de nous et diminue avec l'altitude. Les mouvements de l'air, chauffé inégalement par le Soleil, entraînent des différences de pression. Un **anticyclone** est une zone où l'air exerce une forte pression sur le sol : de l'air froid, lourd, descend, empêchant la formation de nuages, le beau temps s'installe. Une **dépression** est une zone où l'air exerce une faible pression sur le sol : de l'air chaud, léger, s'élève, favorisant l'apparition de nuages, souvent associés au mauvais temps. Anticyclones et dépressions sont stationnaires ou se déplacent, apportant la pluie et le beau temps, parfois très loin de leur lieu d'origine.

Plus on prend de l'altitude, plus la pression diminue (il y a moins d'air au-dessus de nous). C'est pourquoi les alpinistes qui évoluent à plus de 7 000 ou 8 000 m d'altitude portent des masques à oxygène pour respirer.

Le baromètre enregistre les changements de pression. Si celle-ci baisse, l'aiguille noire se dirige vers « pluie ». Si elle augmente, l'aiguille se dirige vers « beau ». L'aiguille jaune, réglable, permet de se positionner sur la pression du jour afin de la comparer avec celle observée le lendemain.

LES NUAGES

Un nuage est constitué de millions de gouttes d'eau ou de cristaux de glace minuscules maintenus en suspension dans l'atmosphère par les mouvements de l'air. On distingue dix grands types de nuages, classés selon l'altitude à laquelle ils se forment, leur apparence et leurs caractéristiques propres. Savoir les identifier peut donner des indications précieuses sur le temps à venir. Le plus gros des nuages est le cumulonimbus. Il peut contenir jusqu'à 1 million de tonnes d'eau et atteindre 18 kilomètres de haut, soit 56 fois la hauteur de la tour Eiffel !

Cirrocumulus
Nappes de minuscules nuages blancs d'aspect pommelé ou formant des rides dans le ciel. Ils annoncent le froid.

Cumulonimbus
Ils ont l'aspect d'une tour dont la partie supérieure prend la forme d'une enclume ou d'un vaste panache. Ils produisent de violents orages accompagnés d'averses de pluie ou de grêle.

Comment naissent les nuages ?

Quand une masse d'air s'élève sous l'effet de la chaleur ou du relief, elle se refroidit et la vapeur d'eau qu'elle contient se condense (elle passe de l'état gazeux à liquide), donnant naissance à de fines gouttelettes qui s'agglutinent et forment un nuage.

Ascension d'une masse d'air chaud
Le sol est chauffé irrégulièrement par le Soleil et réchauffe l'air au-dessus de lui. Si l'air est plus chaud que dans les zones environnantes, il monte, provoquant l'apparition de nuages.

Présence d'un relief
Lorsqu'une masse d'air en mouvement rencontre un relief, elle est forcée de s'élever. C'est pourquoi on aperçoit souvent des nuages au sommet des montagnes.

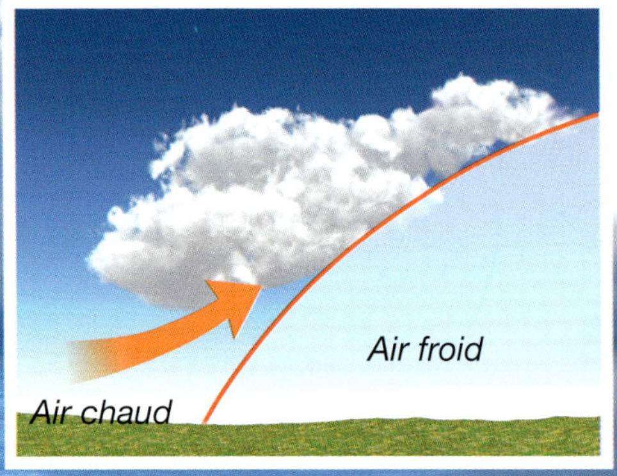

Présence d'un front
Quand deux masses d'air de température différente se rencontrent, elles s'affrontent le long d'un front : l'air chaud, plus léger que l'air froid, est rejet en altitude. Des nuages se forment.

Cirrus
Ils ressemblent à de longs filaments blancs étirés par le vent. Ils annoncent une perturbation.

Ovni ou nuage ?
Ce drôle de nuage que l'on pourrait croire sorti d'un film de science-fiction est un nuage lenticulaire. Façonné par des vents forts, il se forme au-dessus des massifs montagneux.

10 000 m

5 000 m

Altostratus
Couche nuageuse plus ou moins dense qui laisse passer le Soleil comme à travers une feuille de papier calque.

Altocumulus
Nappes de petits nuages blancs et gris donnant un ciel moutonneux ou ridé.

2 000 m

Stratocumulus
Couche de nuages gris et blancs qui apportent de faibles chutes de pluie et parfois de neige.

Cumulus
Tout blancs, d'aspect cotonneux, ce sont des nuages de beau temps. Quand ils se développent, ils prennent des formes bourgeonnantes et amènent la pluie.

Stratus
Couche nuageuse basse, uniforme et grise qui bouche le ciel pendant des jours. Elle s'accompagne de bruine ou de neige.

Le brouillard
C'est un immense nuage qui se forme au ras du sol. Il apparaît souvent en automne, après une nuit froide, quand le Soleil vient réchauffer un sol humide. L'eau qui couvre le sol s'évapore et forme des nappes de brouillard.

LES PRÉCIPITATIONS

Les précipitations sont des chutes d'eau provenant des nuages. Cette eau, sans laquelle la vie sur Terre serait impossible, peut tomber sous forme de pluie, de neige ou de grêle. Tout dépend de la température de l'air et de la nature du nuage. La pluie peut prendre diverses formes. La bruine, ou crachin, est formée de très fines gouttes d'eau qui tombent si lentement qu'elles semblent en suspension dans l'air. L'averse est une pluie abondante, soudaine et brève. Les averses qui se produisent lors du passage de l'hiver au printemps sont appelées des giboulées. Elles mêlent pluie et grêle ou pluie et neige.

Le cycle de l'eau

Où va l'eau une fois que la pluie est tombée ? Elle effectue entre l'atmosphère et la Terre un voyage perpétuel que l'on appelle le cycle de l'eau. Une partie de la pluie qui tombe pénètre dans le sol et alimente les nappes et les rivières souterraines (1) puis s'écoule dans la mer. Une autre partie vient grossir les fleuves et les rivières qui se jettent dans les océans (2). Chauffée par le Soleil, l'eau des océans et des cours d'eau s'évapore (3). Les plantes, qui transpirent, produisent également de la vapeur d'eau (4). En s'élevant, celle-ci refroidit et forme des nuages (5) qui, poussés par le vent, parcourent de grandes distances. Suivant les températures qu'ils rencontrent, ces nuages se changent en pluie, en neige ou en grêle (6). Et le cycle recommence...

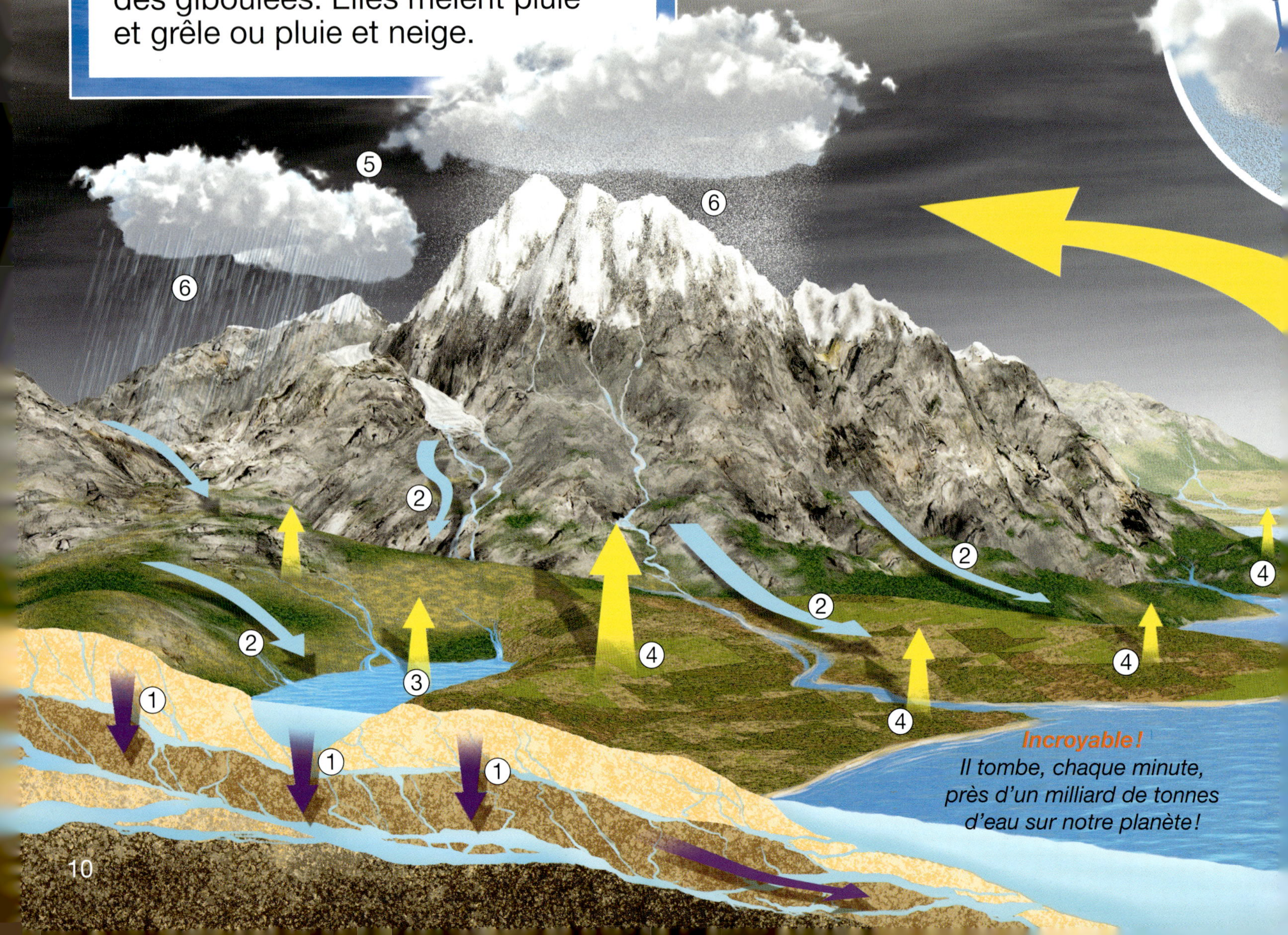

Incroyable !
Il tombe, chaque minute, près d'un milliard de tonnes d'eau sur notre planète !

Pourquoi pleut-il ?

Quand le vent brasse les gouttelettes d'eau au sein d'un nuage, elles s'agglomèrent jusqu'à devenir trop lourdes pour que l'air puisse les soutenir. Elles tombent alors sous forme de pluie. Le pluviomètre (7) permet de mesurer la quantité de pluie, mais aussi de neige ou de grêle, qui est tombée en un lieu pendant un intervalle de temps donné. Le résultat s'exprime en millimètres ou en litres par mètre carré.

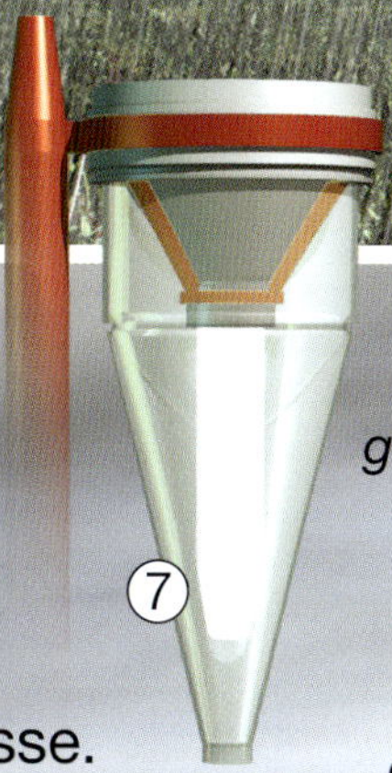

Les averses tombent de nuages très développés, à l'intérieur desquels les gouttes d'eau sont soumises à un violent brassage d'air. Les averses d'orage naissent dans les cumulonimbus, qui se déplacent très vite dans le ciel. En quelques minutes, ils peuvent obscurcir un ciel clair, et c'est l'averse. Puis ils disparaissent tout aussi rapidement, et l'averse prend fin.

Comment se forme la grêle ?

Les grêlons sont des particules de glace qui naissent dans les cumulonimbus. De puissants courants ascendants transportent les gouttelettes d'eau au sommet du nuage, où la température est très basse. Elles se transforment en grains de glace qui tombent sous l'effet de leur poids, sont alors récupérés à nouveau par les courants ascendants, remontent, retombent, et ainsi de suite. À chaque voyage, les grains capturent des gouttelettes qui gèlent à leur surface et les font grossir. Dès qu'ils sont assez lourds, ils tombent sous forme de grêle.

La grêle peut anéantir des cultures entières. Les grêlons ont généralement la taille d'un petit pois, mais il arrive qu'ils soient plus gros qu'une balle de tennis !

Pourquoi neige-t-il ?

La neige se forme dans les nuages épais de moyenne et haute altitude où l'air est très froid. Les gouttelettes d'eau contenues dans le nuage gèlent et deviennent des cristaux de glace qui s'agglomèrent pour former des flocons de neige. En tombant du nuage, la plupart des flocons fondent et se transforment en pluie. Mais si l'air en dessous du nuage est très froid (0 °C ou moins de 0 °C), la neige parvient jusqu'au sol.

L'ORAGE

Il survient souvent lorsque le temps est chaud et humide ; on dit qu'il fait « lourd ». L'écart de température entre l'air chaud qui s'élève et l'air froid en altitude est si grand qu'il se forme d'énormes cumulonimbus. À l'intérieur de ces nuages règnent de fortes turbulences qui engendrent du vent et de la pluie. Soudain, un éclair illumine le ciel et le tonnerre gronde. Tous deux sont la manifestation de la foudre, une gigantesque décharge électrique produite par le nuage qui peut atteindre le sol. Il est important de prendre des précautions pour éviter la foudre, car elle peut tuer.

Comment se forment les éclairs ?

À l'intérieur du cumulonimbus, de forts courants d'air font se télescoper les gouttelettes d'eau et les cristaux de glace. Leur frottement produit de l'électricité. Celle-ci s'accumule dans le nuage et finit par se décharger dans l'atmosphère sous la forme d'éclairs, à la lumière aveuglante. Ils zigzaguent entre le nuage et le sol, à l'intérieur même du nuage ou encore entre deux nuages.

D'où vient le tonnerre ?

Sur le passage de l'éclair, l'air est chauffé à 30 000 °C. Il se dilate brutalement (augmente de volume), ce qui provoque un fracas retentissant : le tonnerre. L'éclair et le tonnerre se produisent exactement en même temps. Si nous voyons l'éclair avant d'entendre le tonnerre, c'est parce que, dans l'air, la lumière voyage beaucoup plus vite que le son.

On peut évaluer à quelle distance en kilomètres se situe un orage en comptant le nombre de secondes qui séparent l'éclair et le coup de tonnerre et en divisant ce nombre par trois. Le résultat obtenu représente la distance en kilomètres. Ainsi, s'il se passe trois secondes entre l'éclair et le tonnerre, c'est que l'orage a éclaté à un kilomètre.

Un orage entraîne fréquemment de fortes pluies. Lorsqu'il n'est pas accompagné de précipitations, on dit qu'il s'agit d'un « orage sec ».

Consignes en cas d'orage

La foudre étant une décharge électrique, mieux vaut respecter quelques consignes en cas d'orage. Dehors, il faut éviter de s'abriter sous un arbre et lâcher tout objet en métal, le vélo y compris. Si l'on se trouve au milieu d'un champ ou d'un espace dégagé, ne pas rester debout. S'accroupir ou se réfugier dans un creux de terrain. À la maison, éteindre l'ordinateur, la télé. Dans une voiture, on est à l'abri : la carrosserie dévie la décharge électrique vers le sol.

Quand la foudre frappe

La foudre peut casser net un arbre. Sous l'effet de l'échauffement intense de l'air, l'eau contenue dans la sève de l'arbre se vaporise littéralement, ce qui fait exploser l'écorce. La foudre est aussi à l'origine de nombreux feux de forêts ou de prairies sèches. Elle peut incendier des bâtiments, notamment ceux qui sont construits en bois.

Quand un orage se prépare, le ciel s'assombrit, le vent se lève, et la température chute de plusieurs degrés.

La foudre a tendance à frapper les endroits les plus élevés. Pour protéger les bâtiments, on installe sur leur toit un paratonnerre, un dispositif en métal qui attire la foudre et la conduit directement jusqu'au sol par l'intermédiaire d'un câble. Au sol, la charge électrique se dissipe.

LE VENT

Quand le Soleil réchauffe l'air, celui-ci devient plus léger et s'élève. Il laisse une place libre dans laquelle vient s'engouffrer l'air plus frais des zones environnantes. C'est ce déplacement d'air que l'on appelle le vent. Plus la différence de température entre deux endroits est importante, plus ce déplacement d'air est rapide et plus le vent souffle fort. En circulant à petite ou grande échelle, le vent brasse l'air en permanence et contribue à réguler la température de la planète. Sans lui, il ferait encore plus froid aux pôles et plus chaud à l'équateur.

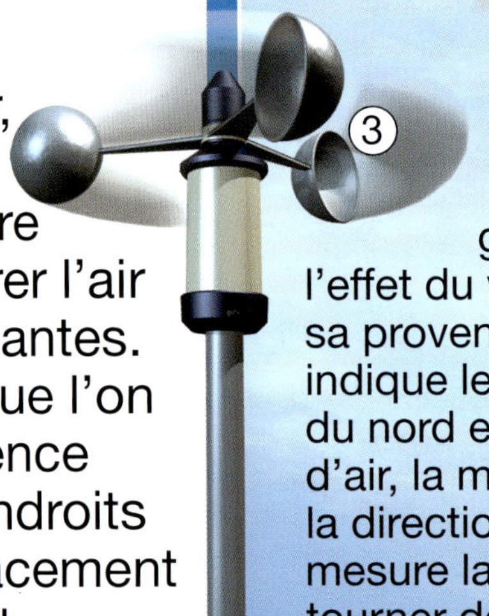

Des instruments pour mesurer le vent

Les faux coqs que l'on voit souvent sur les toits sont des girouettes (1). Elles tournent sous l'effet du vent et déterminent ainsi sa provenance. Si la flèche ou le bec du coq indique le nord, cela signifie que le vent vient du nord et se dirige vers le sud. En se gonflant d'air, la manche à air (2) se redresse et indique la direction du vent et sa force. L'anémomètre (3) mesure la vitesse du vent : le vent fait tourner des coupelles métalliques et un compteur enregistre le nombre de rotations par minute.

Les vents à la surface de la Terre

Il existe de grands vents réguliers à la surface du globe qui soufflent toujours dans la même direction. Les alizés (en violet sur la carte ci-contre) sont des vents chauds et secs qui soufflent sous les tropiques. Les vents d'ouest (en rouge), doux et humides, balaient les zones tempérées. Aux latitudes plus élevées, les vents d'est (en orange), froids, viennent des pôles. D'autres vents agissent plus localement comme le mistral, un vent froid et sec du sud-est de la France, parfois violent, qui s'engouffre dans la vallée du Rhône pour descendre jusqu'à la mer. Le sirocco est un vent sec et chaud qui vient du désert du Sahara. Il traverse parfois la Méditerranée, atteignant des villes comme Paris, en France, ou Stockholm, en Suède, déposant sur son passage de fines pellicules de sable provenant du désert.

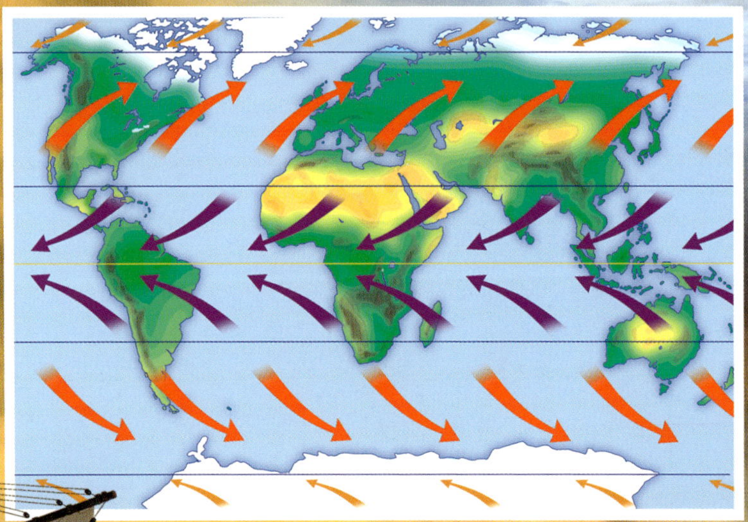

Les alizés et les vents d'ouest furent longtemps exploités par les navigateurs pour faire avancer leur bateau plus vite. C'est en suivant les alizés que Christophe Colomb a atteint l'Amérique.

Les courants-jets

Ces vents violents soufflent à haute altitude (entre 8 000 et 10 000 m) à une vitesse de 100 à 400 km/h. Ils forment des couloirs autour de la Terre que les avions empruntent pour se laisser porter et économiser du carburant.

C'est en utilisant les courants-jets que le Suisse Bertrand Piccard a réussi le premier tour du monde en ballon sans escale en 1999, en un peu moins de 20 jours.

***Force 3** : vent de 12 à 19 km/h (petite brise)*
***Force 7** : vent de 50 à 61 km/h, (grand frais)*
***Force 10** : vent de 89 à 102 km/h (tempête)*

L'échelle de Beaufort

Cette échelle, qui permet d'évaluer la force du vent, a été créée en 1809 par l'amiral anglais sir Francis Beaufort. Fondée sur l'observation des effets du vent en mer, elle est aussi applicable sur la terre ferme. Elle comporte 13 degrés, de 0 (calme plat) à 12 (ouragan).

Le vent du désert

Dans les déserts, où la végétation est rare, le vent est tout-puissant. Il édifie des dunes, les déplace, sculpte la roche et se déchaîne parfois avec une telle violence qu'il soulève le sable, engendrant des tempêtes. Celles-ci se déplacent en formant d'immenses rouleaux de sable et de poussière qui obscurcissent le ciel et rendent l'air irrespirable.

Le vent du désert agit sur les roches à la manière d'une ponceuse et sculpte d'étonnants reliefs, comme ce champignon.

TEMPÊTE, CYCLONE ET TORNADE

Les tempêtes soufflent sur les régions tempérées. Celles qui touchent l'Europe se forment essentiellement sur l'océan Atlantique. Elles sont dues à la rencontre entre de l'air chaud tropical et de l'air froid polaire. De leur confrontation naissent des vents violents et de fortes pluies. Les cyclones ou ouragans se forment au-dessus des mers tropicales et tirent leur énergie de l'évaporation de l'eau. D'une force colossale, les tornades peuvent frapper n'importe où dans le monde, mais elles sont particulièrement fréquentes dans les grandes plaines des États-Unis.

Le couloir des tornades

Aux États-Unis, on compte plus de 700 tornades par an ! La plupart se produisent sur un vaste territoire connu sous le nom de *Tornado Alley* (le couloir des tornades). Elles sont dues à la rencontre entre des courants d'air froid et sec venant du Canada et des courants d'air chaud et humide venant du golfe du Mexique.

La vitesse des vents qui animent une tornade atteint 120 à 500 km/h. De petit diamètre (entre 10 et 200 m), elle se déplace très vite (entre 50 et 105 km/h).

Les tornades

Une tornade se développe au-dessus des terres à partir d'un nuage orageux. De l'air chaud et humide est aspiré brutalement vers le haut du nuage, tandis qu'un fort courant d'air froid descend. Une colonne d'air tourbillonnante se forme, qui s'étire jusqu'au sol. Elle tournoie à une vitesse vertigineuse et agit à la manière d'un gigantesque aspirateur. Des poulets plumés vifs par la force des vents, des fétus de paille plantés comme des clous dans des murs en béton : les tornades ont des effets pour le moins spectaculaires !

Sur le chemin d'une tornade, tout est dévasté : bâtiments soufflés, arbres déracinés, voitures emportées dans les airs et même trains soulevés !

Les tempêtes

Ces fortes dépressions sont accompagnées de vents violents soufflant à plus de 100 km/h. Il arrive que les rafales atteignent des vitesses phénoménales, de 170 à près de 200 km/h. C'est ce qui s'est produit en décembre 1999, lors des deux tempêtes successives qui se sont abattues sur la France et une grande partie de l'Europe. D'une ampleur sans précédent, elles ont fait de nombreuses victimes et causé des milliards d'euros de dégâts. Des forêts entières ont été décimées, les toits des maisons emportés, les pylônes électriques renversés, les routes et les voies ferrées coupées.

Les « chasseurs de cyclones » traversent les cyclones à bord d'avions blindés pour en mesurer l'intensité et les caractéristiques. Un exercice périlleux !

Les cyclones

Ils naissent au-dessus des mers tropicales, l'été, quand la température de l'eau dépasse 26 °C. La vapeur d'eau s'élève et forme des nuages qui se déploient en une spirale de vents tourbillonnants pouvant atteindre la superficie d'un pays comme la France ! Au centre se trouve une zone calme, l'œil du cyclone, où le vent est faible et le ciel clair. Lorsqu'ils atteignent les côtes, les cyclones, animés par des vents violents soufflant entre 150 et 300 km/h, ont des effets dévastateurs et meurtriers. Ils peuvent déclencher de fortes inondations ou de redoutables raz de marée.

La tornade est un phénomène imprévisible et très localisé : on a ainsi pu voir, dans la même rue, un côté où les maisons avaient toutes été détruites, alors que, de l'autre côté, les habitations étaient restées intactes !

À droite : les conséquences d'un cyclone.

LES SAISONS ET LES CLIMATS

Les saisons correspondent aux variations périodiques du temps qui se produisent au cours d'une année. Le climat d'un lieu sur la Terre est l'ensemble des conditions météorologiques caractéristiques de ce lieu. Il relève surtout des températures moyennes observées et du taux de précipitations. De nombreux facteurs influencent le climat : la position d'une région par rapport à l'équateur, la proximité de la mer, les courants marins, le relief, etc.

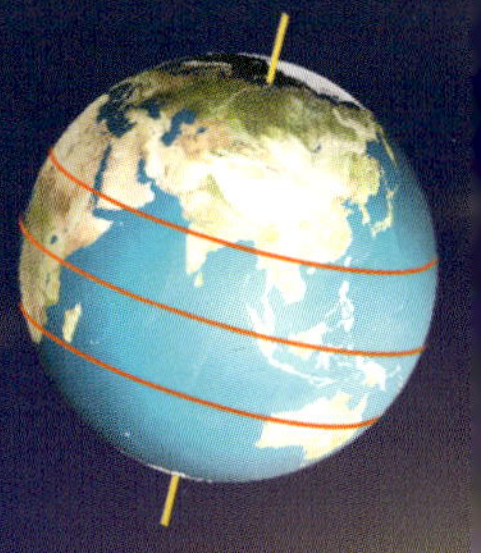

Les solstices et équinoxes *marquent le début des saisons. Aux équinoxes de printemps et d'automne, le jour et la nuit sont de la même longueur. Au solstice d'été, le jour est le plus long de l'année. Au solstice d'hiver, le jour est le plus court.*

Pourquoi y a-t-il des saisons ?

Notre planète fait le tour du Soleil en une année. Comme elle est un peu inclinée, ses deux hémisphères (parties situées de part et d'autre de l'équateur, une ligne imaginaire qui sépare le globe terrestre en deux) ne reçoivent pas toujours la même quantité de chaleur et de lumière. C'est ce qui crée les saisons.

21 juin : Solstice d'été
Été au nord Hiver au sud

L'unique saison de l'équateur

Tout au long de l'année, les régions situées au niveau de l'équateur reçoivent la même quantité de lumière et de chaleur en provenance du Soleil. Il fait toujours très chaud et il pleut presque tous les jours de l'année : le climat équatorial ne connaît qu'une seule saison, chaude et humide. Les pluies proviennent des nuages qui se forment habituellement en fin d'après-midi dans l'air chaud qui s'élève. Abondamment arrosée, la forêt équatoriale reste toujours verte.

Deux saisons sous les tropiques

Les régions tropicales, qui se situent de part et d'autre de l'équateur, connaissent un temps chaud toute l'année. On distingue une saison humide, pendant laquelle il pleut tous les jours, et une saison sèche. Plus on s'éloigne de l'équateur, plus la saison sèche dure longtemps. Les paysages sont variés, allant de la forêt tropicale luxuriante, dans les régions les plus arrosées, aux herbes hautes et aux arbres dispersés de la savane, dans les zones les plus sèches.

21 mars : Équinoxe de printemps
Printemps au nord
Automne au sud

21 décembre :
Solstice d'hiver
Hiver au nord
Été au sud

Quand le pôle Nord s'oriente vers le Soleil, c'est le printemps puis l'été dans l'hémisphère Nord. Au même moment, l'hémisphère Sud entre dans sa saison froide (automne et hiver). Quand le pôle Sud s'oriente vers le Soleil, la situation s'inverse : le beau temps revient dans l'hémisphère Sud (printemps, été), tandis que l'automne et l'hiver s'installent dans l'hémisphère Nord.

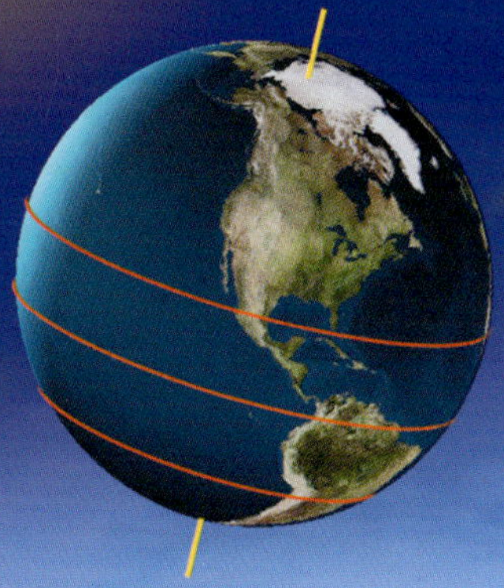

23 septembre :
Équinoxe d'automne
Automne au nord
Printemps au sud

Pourquoi fait-il froid aux pôles et chaud à l'équateur ?

Comme notre planète est ronde, le Soleil ne l'éclaire pas partout avec la même intensité. À l'équateur, le Soleil est au zénith : ses rayons tombent verticalement et apportent beaucoup de chaleur. Plus on s'éloigne de l'équateur, plus les rayons sont rasants et perdent de leur intensité. Les régions polaires sont celles qui reçoivent le moins de chaleur solaire.

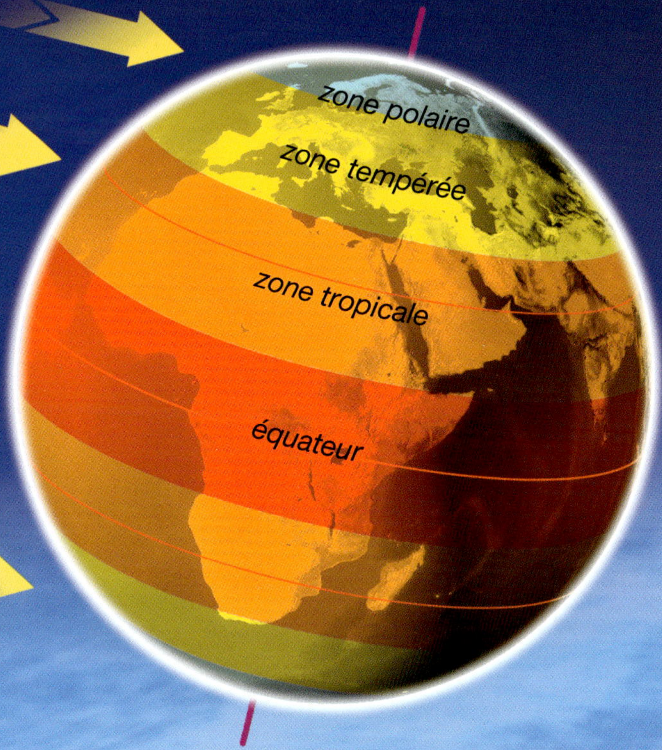

Les rayons solaires ne frappent pas toute la surface de la Terre de la même façon. À l'équateur, les rayons tombent perpendiculairement : le rayonnement est plus intense ; il fait plus chaud (zone en rouge). Aux pôles, les rayons sont rasants, donc moins puissants : il fait froid (en bleu). Plus on s'éloigne de l'équateur, plus il fait froid.

Les quatre saisons des régions tempérées

Plus on s'éloigne de l'équateur, plus les saisons sont marquées. Les régions tempérées comptent quatre saisons bien distinctes qui durent trois mois chacune : le printemps, l'été, l'automne et l'hiver. En hiver, le Soleil est bas sur l'horizon, les températures sont basses, l'ensoleillement est faible et les journées courtes. L'été, les jours sont plus longs, le Soleil est très haut dans le ciel, l'ensoleillement est important. Il fait chaud.

Les climats tempérés

Les zones tempérées sont situées entre les pôles et les tropiques (l'Europe, par exemple, a un climat tempéré). Les hivers ne sont pas trop froids et les étés sont plus ou moins chauds. Cependant, des variantes apparaissent selon que l'on se situe près de la mer (climat océanique ou méditerranéen) ou très loin au cœur des continents (climat continental).

Le climat tempéré océanique

C'est celui si caractéristique de la Bretagne, en France, ou de l'Irlande. Les hivers sont dou. et les étés plutôt frais. Les vents d'ouest apportent des pluies fréquentes.

Le climat tempéré méditerranéen

En bordure de la Méditerranée, le climat connaît des étés chauds et secs et des hivers doux. Les pluies sont irrégulières, mais abondantes, et tombent souvent sous forme d'orages violents.

Le climat tempéré continental

Au cœur des continents, loin des océans, les hivers sont longs et rudes, et les étés peuvent être très chauds. C'est le climat du Canada ou du nord de la Suède, où poussent d'immenses forêts de sapins et d'épicéas.

En montagne

Les vents sont plus violents qu'en plaine et les précipitations plus fréquentes. La température chute avec l'altitude, ce qui crée des zones de végétation bien marquées. Les hivers sont particulièrement rigoureux, avec de fortes chutes de neige. Au printemps, le temps se radoucit et le sol se couvre d'un tapis de fleurs aux couleurs vives.

Le climat de mousson

La mousson est un phénomène saisonnier dû au vent qui provoque l'alternance d'une saison sèche avec une saison humide dans les régions tropicales d'Asie du Sud-Est et de l'Inde. En été, les vents de mousson soufflent de la mer vers la terre. Chargés d'humidité, ils apportent des pluies torrentielles pendant trois à quatre mois. En hiver, les vents de mousson soufflent de la terre vers la mer et repoussent les nuages ; un temps sec s'installe.

Malgré les dégâts qu'elles provoquent, les inondations dues à la mousson sont très attendues car elles sont indispensables à la culture du riz, dont vivent les populations de ces régions.

Le climat désertique

Dans les déserts, les pluies sont extrêmement rares. Il peut ne pas pleuvoir pendant plusieurs années. Très peu de plantes et d'animaux y vivent. Les températures peuvent dépasser 50 °C le jour et descendre en dessous de 0 °C la nuit. Les hommes se concentrent dans les oasis, véritables îlots de verdure au milieu du désert, où l'eau, présente dans le sous-sol, permet la vie.

Le climat polaire

Les régions polaires sont les zones les plus froides de la planète. Les hivers sont longs et rigoureux ; la glace qui recouvre le sol s'étend alors sur la mer. La température terrestre la plus froide a été enregistrée en Antarctique : – 89,2 °C ! L'été, les températures restent fraîches, dépassant rarement les 10 °C durant le mois le plus chaud. Comme la Terre est inclinée, les régions polaires se trouvent, chacune à leur tour, privées de Soleil (c'est la longue nuit polaire) ou privées de nuit (le soleil brille à minuit) pendant une période qui dure jusqu'à 6 mois.

MAGIE ET COULEURS DU CIEL

La lumière du Soleil, qui nous paraît blanche, est en fait composée de sept couleurs : le rouge, l'orange, le jaune, le vert, le bleu, l'indigo et le violet. Lorsqu'elle traverse l'air, des nuages, des cristaux de glace ou des gouttes de pluie, elle est filtrée, reflétée, diffusée ou déviée, ce qui donne au ciel sa couleur bleue dans la journée ou rouge au crépuscule, ou provoque d'étonnants phénomènes visuels, comme l'arc-en-ciel, le rayon vert ou les rais de lumière. Autrefois, les hommes voyaient dans certains phénomènes célestes l'annonce de terribles catastrophes.

Les couleurs du ciel

Par temps clair, quand le Soleil brille haut dans le ciel, l'atmosphère diffuse essentiellement les couleurs à dominante bleue qui donnent au ciel sa couleur caractéristique. Au crépuscule, lorsque le Soleil est bas sur l'horizon, ses rayons doivent traverser une plus grande épaisseur d'atmosphère. Ce sont alors les couleurs à dominante orange et rouge qui sont diffusées et qui donnent les ciels flamboyants des couchers de soleil.

L'arc-en-ciel

Quand le Soleil brille au travers d'une averse, les gouttes de pluie réfléchissent sa lumière et la décomposent en un arc qui fait apparaître les sept couleurs dont elle est constituée.

Les rais de lumière

Quand des nuages passent devant le Soleil, ses rayons lumineux, diffusés par les gouttelettes d'eau en suspension ou les poussières atmosphériques, forment des faisceaux blancs.

Les mirages

Ils naissent par temps chaud quand la lumière du Soleil, en traversant des couches d'air de températures différentes, est déviée et reflétée. Il se crée un effet miroir, qui fait apparaître au sol l'image inversée de certains objets plus ou moins éloignés. Par exemple, le ciel se reflète sur la route ou au milieu du désert, donnant l'impression de voir une étendue d'eau.

Les aurores polaires

Ces magnifiques voiles de lumière s'observent la nuit dans les régions polaires. Ils sont produits par des particules électriques émises par le Soleil, qui sont déviées vers les pôles et émettent des ondes lumineuses au contact de l'atmosphère.

Le rayon vert

Lorsque le Soleil se couche, le rouge, l'orangé, le jaune et les couleurs composant la lumière disparaissent tour à tour derrière l'horizon. Parfois subsiste une vive lumière verte pendant quelques secondes, dernière lueur du Soleil. On l'observe particulièrement quand l'air est pur et l'horizon parfaitement dégagé.

Les parhélies

Appelés également « faux soleils », ce sont deux points très lumineux à gauche et à droite du Soleil qui donnent l'impression que ce dernier est entouré de frères jumeaux. Ce phénomène, visible dans les régions polaires, est dû à la lumière du Soleil qui se reflète dans des cristaux de glace en suspension.

PRÉVOIR LE TEMPS

Pour prévoir le temps, les météorologues collectent en permanence, dans le monde entier, des informations sur les phénomènes qui se déroulent dans l'atmosphère. Les données proviennent de stations d'observation situées en mer, sur Terre et dans les airs. Elles sont entrées dans des ordinateurs ultrapuissants qui les analysent pour prévoir comment le temps est susceptible d'évoluer. En dépit de tous ces moyens, les prévisions, même si elles sont de plus en plus précises, ne restent fiables qu'à très court terme : pas plus de cinq jours.

La surveillance météo dans les airs

Les satellites prennent des photos des déplacements nuageux toutes les demi-heures et transmettent des informations sur la direction et la force des vents. Les ballons-sondes (à gauche) emportent des instruments qui relèvent la température, la pression et l'humidité de l'air à différentes altitudes. Les avions météorologiques (ci-dessous), équipés d'un grand « nez » sondeur, observent la haute atmosphère, récoltant des données sur l'humidité et la pression de l'air, et transmettent des images des nuages.

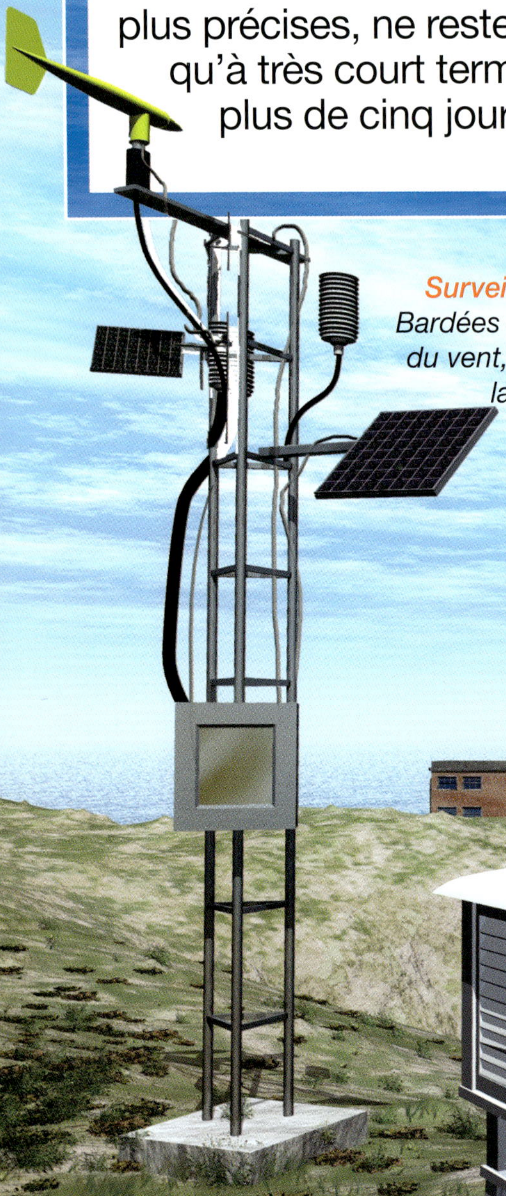

Surveillance météo sur Terre

Bardées d'instruments mesurant la force et la direction du vent, les précipitations, la température, l'humidité, la pression de l'air, les stations météorologiques modernes (à gauche) sont entièrement automatisées. Les données sont transmises aux centres météo par satellite.

Les radars détectent les précipitations dans un rayon de 200 km.

Surveillance météo en mer

En mer, des bouées automatisées spécialement équipées transmettent par radio de précieuses informations sur la météo marine et notamment le vent.

L'abri météorologique contient divers instruments : thermomètres, hygromètres, baromètres qui enregistrent la température, l'humidité et la pression de l'air. Le relevé des données s'effectue manuellement.

Les satellites en orbite polaire (ci-dessus) tournent autour de la Terre, d'un pôle à l'autre, et observent toute la planète. D'autres satellites, dits géostationnaires, situés au niveau de l'équateur, tournent à la même vitesse que la Terre et analysent toujours la même zone du globe.

L'analyse des données

Les données recueillies par les satellites et les autres instruments sont entrées dans des ordinateurs très puissants qui peuvent effectuer jusqu'à 600 milliards de calculs à la seconde pour prévoir l'évolution du temps ! Dans leurs bulletins, les météorologues réajustent ces prévisions et les traduisent en informations utilisables par tous.

Baromètres naturels

Autrefois, on observait la nature pour prédire le temps. Ainsi, à l'approche de la pluie, les écailles de la pomme de pin se resserrent, les grenouilles coassent plus fort, les hirondelles et les martinets volent bas pour attraper les moucherons aux ailes alourdies par l'humidité de l'air. Un merle qui chante à tue-tête dès le lever du jour est un des premiers signes du printemps.

Indispensables prévisions

Connaître le temps à l'avance est très important dans certains métiers. Les marins-pêcheurs ne prennent pas la mer, les pilotes ne décollent pas, les alpinistes ne prévoient pas d'ascension sans avoir consulté la météo. L'agriculteur attend le bon moment pour la récolte. Notre propre sécurité dépend également des prévisions qui nous avertissent des risques d'inondations, de feux de forêts, mais aussi de l'arrivée d'une tempête ou d'un cyclone.

LA TERRE SE RÉCHAUFFE

Certes, depuis sa formation, notre planète a connu des périodes de grand froid et des périodes de réchauffement. Les raisons en sont multiples : les variations de l'orbite de la Terre, son axe plus ou moins penché, l'activité du Soleil. Mais, depuis le XIXe siècle, l'activité des hommes accélère le réchauffement et une quantité toujours croissante de gaz à effet de serre est rejetée dans l'atmosphère, déstabilisant le système climatique. Aujourd'hui, de nombreux pays se sont engagés à réduire l'émission de ces gaz.

L'augmentation de l'effet de serre

Les fumées des usines, les gaz d'échappement des voitures, le chauffage domestique augmentent la quantité de gaz carbonique dans l'atmosphère. Or, le gaz carbonique est l'un des principaux gaz à effet de serre. En s'accumulant de façon excessive dans l'atmosphère, il retient de plus en plus de chaleur et entraîne une hausse des températures. D'autres gaz à effet de serre contribuent au réchauffement terrestre, comme le méthane, qui émane des rizières et des pets des animaux d'élevage, ou le protoxyde d'azote, utilisé dans les engrais agricoles.

La fonte des glaces

C'est aujourd'hui devenu une certitude : les glaciers qui recouvrent les terres polaires s'écoulent beaucoup plus vite vers la mer, et ceux de montagne fondent si rapidement que beaucoup auront disparu d'ici à 50 ans. Toute cette eau rejoint la mer dont le niveau s'élève. Dans l'Arctique, la banquise a perdu la moitié de son épaisseur en 30 ans.

Le dégel précoce de la banquise raccourcit la période de chasse de l'ours blanc qui n'arrive plus à se nourrir correctement. Sa survie est menacée.

La déforestation

Partout, les forêts sont détruites au profit des cultures. À elles seules, les forêts tropicales perdent 13 millions d'hectares par an. Pourtant, les arbres ont l'avantage d'absorber le gaz carbonique et d'en réduire la quantité dans l'atmosphère. Les brûler est d'autant plus grave que leur combustion dégage dans l'atmosphère des quantités incroyables de gaz carbonique, ce qui accentue encore plus l'effet de serre.

D'ici à 2100, si l'homme ne réduit pas considérablement les rejets de gaz à effet de serre, la Terre pourrait se réchauffer de 1,5 à 5,8 °C. Jamais notre planète n'a connu un réchauffement aussi rapide, et c'est cela qui inquiète les spécialistes.

Les conséquences du réchauffement

La fonte des glaciers n'est pas la plus grande responsable de l'expansion des océans. Lorsque la mer se réchauffe, l'eau se dilate (prend plus de place) et son niveau s'élève. Au cours du XXIe siècle, le niveau des mers pourrait gagner près de 1 m et submerger de nombreuses régions côtières densément peuplées. Des pluies plus fréquentes favoriseront les inondations. On pense aussi que les phénomènes météorologiques extrêmes (tempêtes, cyclones, canicules) vont se multiplier.

Aux Pays-Bas, un pays partiellement conquis sur la mer, les maisons flottantes se développent pour faire face aux inondations et à la montée des eaux annoncées avec le réchauffement de la planète. On projette même de construire des villages entiers juchés sur des flotteurs en béton.

TABLE DES MATIÈRES

MDS : 294665N1
ISBN : 978-2-215-09764-8

Dépôt légal à la date de parution.
Conforme à la loi n° 49-956 du 16 juillet 1949
sur les publications destinées à la jeunesse.
Imprimé en Italie (09-12)